MOMENTE

CHRISTOPHER VON DEYLEN

IMPRESSUM

Christopher von Deylen
MOMENTE
Mit offenen Augen die Welt entdecken

ISBN 978-3-948991-02-9

erschienen bei Edel Colors
Ein Verlag der Edel Germany GmbH
Neumühlen 17, 22763 Hamburg

Photos und Texte: Christopher von Deylen

Layout: fiction-factory.berlin
hello@fiction-factory.belin

Druck und Bindung: optimal media GmbH, Röbel/Müritz

Im Vertrieb der Edel Verlagsgruppe
buchvertrieb@edel.com

Printed in Germany

Der Komponist, Musiker und Fotograf Christopher von Deylen hat über ein Jahrzehnt lang seine Eindrücke und Begegnungen rund um den Globus gesammelt und nun erstmalig in diesem opulenten Bildband festgehalten.

Unter seinem Künstlernamen SCHILLER hat von Deylen unzählige Nummer Eins Alben produziert. Er gibt umjubelte Konzerte in aller Welt, in denen sich immer wieder sein Gespür für intensive visuelle Eindrücke manifestiert.

Atemberaubende Landschaftsaufnahmen und fesselnde Geschichten über ungewöhnliche Orte und Menschen: »Momente – Mit offenen Augen die Welt entdecken« gibt anregende Impulse für jeden neugierigen Geist und ist ein glühendes Manifest über die Essenz des Reisens.

Vom Polarkreis in die persische Wüste, von Zentralasien nach Vladivostok oder auf einem Rastplatz an der Autobahn: Unvergessliche Momente passieren oftmals an Orten, an denen wir sie nicht erwarten würden.

Manchmal braucht man nur die Augen offen zu halten und wird mit intensiven Eindrücken und Begegnungen belohnt.

Einige dieser Augenblicke habe ich versucht, mit der Kamera festzuhalten.

Ich würde mich sehr freuen, wenn die Essenz dieses Bildbandes Sie auf Ihrer nächsten Entdeckungstour durch das Leben begleitet.

Willkommen in der Welt der Momente.

Herzlichst,
Ihr
Christopher von Deylen

M O M E N T E

„Once a year, go someplace you've never been before."

Dalai Lama

Vorherige Seite

BREAKING THE WAVES

Die Wellen von Long Beach. Eine verwitterte Rutsche erhebt sich wie ein Monument am Rande des verlassenen Schwimmbades.

Stahlrohrskelette, die einst Sonnenschirmen Halt gaben, tanzen im Wind. Beharrlich widerstehen sie den Elementen.

Eine einsame Möwe betrachtet die Szenerie von oben.

Dann ein kurzer Moment der Stille.

Bis sich die nächste Welle in tosende Gischt verwandelt.

Beirut, Libanon

HAVE A GOOD FLIGHT

Check In um 05:12 Uhr.

Teheran, Iran

Tehran
WELCOME TO CIP
96611

4 tor track
peron platform 3

GLEIS 4

Nur noch wenige Minuten bis zur Abfahrt. Routinierte Betriebsamkeit. Zwei Zugbegleiter gehen den Bahnsteig von Gleis 4 entlang. Ein letzter Gang auf diesem Zwischenstopp.

Gleich werden sie das Signal geben, auf das sich der Zug in Bewegung setzen wird. Nur ein paar Minuten lang wird das Gleis leer sein.

Dann fährt die nächste Lokomotive ein, und das Szenario beginnt von vorne.

Warschau, Polen

Le
MOHAMMED MOU
TONIGHトのPM to 3A

Colisée
NIR IN CONCERT
M WED 7PM to 1AM

Vorherige Seite

MOHAMMED MOUNIR

Die verwitterten Buchstaben erwecken den untrüglichen Eindruck, dass das versprochene „Tonight" schon etwas länger her ist.

Das Theater „Le Colisée" hat seine Tore schon lange geschlossen, verweigert sich aber durch diese immerwährende Ankündigung dem endgültigen Abschied.

Auf den zweiten Blick fasziniert die präzise Zeitangabe:
Die Konzerte waren jeweils auf eine kleine Ewigkeit von sechs Stunden veranschlagt.

Beirut, Libanon

WENN DIE NACHT ERWACHT

Nächtlicher Spaziergang durch eine Stadt mit vielen Gesichtern. Wenn die Nacht erwacht, erstrahlt West Beirut in einer kräftigen Kombination aus Rot und Violett. Zahllose Imbisse und Restaurants scheinen sich auf dieses Farbschema geeinigt zu haben.

Die Straßen erstrahlen in einem unwirklichen Neonglanz, der sich in stets wechselnden Mustern auf dem Lack langsam vorbeifahrender Autos spiegelt.

Nach einem kurzen Regenschauer wird auch der dunkle Asphalt zur einer glänzenden Bühne für dieses Farbenspiel.

Beirut, Libanon

RESTAURANT
BARBAR

كرم الجبل
71 894 126
71 995 947
KARAM ALG
KARAM AL
تصليح ساعات

Vorherige Seite

REFLECTIONS

Beirut, Libanon

NEON TRIFFT ASPHALT

Beirut, Libanon

BARBAR

MITTERNACHT IN ISFAHAN

Nur eine hauchdünne Mondsichel scheint über dem Naqsh-e-Jahan-Platz in Isfahan.

Ein Moment vollkommener Ruhe und Gelassenheit.

Isfahan, Iran

Vorherige Seite

EIN BAND AUS ASPHALT

Die Straße führt geradeaus.
Immer geradeaus?

Kurz vor dem Horizont scheint sie zu enden.

In Wahrheit windet sich der Weg mit einer leichten Kurve hinein in die ersten Ausläufer der Wüste Lut *(Dasht-e Lut)*.

Der Weg führt manchmal weiter, als man denkt.

Kerman, Iran

TEATIME

Schwarzer Tee, Gebäck und viel Zucker.

Gastfreundschaft pur.

Südiran

Vorherige Seite

CLIFFHANGER

St. Ulrich Ortisei, Südtirol

2.000 METER ÜBER DEM MEERESSPIEGEL

Ich gebe es gerne zu: Ganz schwindelfrei bin ich nicht.

In eine Seilbahn zu steigen kostet mich trotz immerwährender Abenteuerlust einiges an Überwindung.

Mit der Gondel der Seilbahn Seceda geht es von St. Ulrich Ortisei auf mehr als 2.000 Meter über dem Meeresspiegel.

Mein tollkühner Mut wird belohnt:
Oben angekommen bietet sich ein postkartenreifes Alpenpanorama.

Die Wolken malen spektakuläre Schattierungen auf die
Felsgipfel der Dolomiten.

So schön ein Tag am Meer auch sein kann:
Kristallklare Höhenluft will erobert werden,
lässt einen dann aber nicht mehr los.

St. Ulrich Ortisei, Südtirol

POESIE EINER WÄSCHELEINE

Eine kunterbunt bestückte Wäscheleine kann sehr viele Geschichten erzählen.

Venedig, Italien

GOLDEN SUNSET

Berlin, Deutschland

Vorherige Seite

KARL-MARX-ALLEE

Im Labyrinth der Großstadt.

Berlin, Deutschland

EIN AUGENBLICK VERWISCHT

Sibirien, Russland

WILLKOMMEN IN SIBIRIEN

Endlose Birkenwälder.

Einsame Straßen.

Ganz bei sich sein.

Sibirien, Russland

Vorherige Seite

MORGENSTUND IN SIBIRIEN

Nebel schwebt über dem Boden.

Ruhe. Das höchste Glück auf Erden.

In der Nähe vom Baikalsee, Russland

URLAUB IN DER HEIMAT

Drei Männer.
Drei Gesichter.
Drei Leben.

Diese Matrosen sind gerade im Hafen von Wladiwostok angekommen.

Sie kennen sich seit ihrer Schulzeit.
Für ein paar Tage können sie jetzt in die Heimat.
Familien besuchen, Freunde treffen.

Sie haben eine lange Zeit auf See hinter sich und eine lange Zugfahrt vor sich.

Bald schon werden sie sich hier wiedertreffen.
Dann geht es zurück auf große Fahrt.

Für wie lange, das wissen sie noch nicht.

Wladiwostok, Russland

Vorherige und diese Seite

SONNTAGSAUSFLUG

Beirut, Libanon

ZWEI FREUNDINNEN

Hiroshima, kurz vor MItternacht.

Hiroshima, Japan

FÜNF FREUNDE

Hiroshima, kurz nach MItternacht.

Hiroshima, Japan

長浜ラーメン
長浜一番
流川本店 082-247-3282
KING
MSGM
MILANO

乾燥機の使い方
洗剤不要
Electrolux Wascator
使用方法
洗剤不要
Electrolux Wascator
らくらく洗濯

100円で 6分
Electrolux Wascator
ふわふわ乾燥
終ったら早く取り出しましょう
Cissell
高熱殺菌
油のついたもの、脱水してないものは
乾燥機に入れないで下さい

Vorherige Seite

EIN WUNDERBARER WASCHSALON

Hiroshima, Japan

RED CRAB

Hiroshima, Japan

味の街
本州会館
大石歯科
3F
車両専用
グランポルトビル
大貨等を除く
新天地
大石
Ceppo

車両専用
DON
WELCOME
免
Tax

Vorherige Seite

NIGHT STRIPES

Hiroshima, Japan

TOKYO TAXI

Tokyo, Japan

FUJIYA
LOTTERIA
Nikon

Vorherige Seite

A MILLION LIFELINES

Teheran, Iran

DEN KATZEN GEHÖRT DIE WELT

Der Azadi Tower ist eines der auffälligsten Wahrzeichen Teherans.

Vollendet im Jahr 1972 ist er nach wie vor ein beliebter Ausflugsort für die Bewohner und Besucher Teherans.

Der umgebende Platz strahlt eine mystische Ruhe aus.

Das hat auch diese Katze entdeckt, die hier so souverän für meine Kamera posiert, als wäre dies ausschließlich ihr Revier.

Nicht umsonst sagt man Katzen nach, dass sie in Wahrheit die Weltherrschaft anstreben.

Diese hier macht schon einmal den Anfang.

Teheran, Iran

I CAN'T GET NO SLEEP

Futuristische Wolkenkratzer in Astana.

Astana, Kasachstan

2:30 a.m.

Irgendwo brennt immer ein Licht.

Astana, Kasachstan

FANTASY BOWL

Astana, Kasachstan

ZWEI KAMERAS, EINE ERINNERUNG

Museumsinsel Berlin.

Zwei Frauen fotografieren sich gegenseitig.
Immer wieder tauschen sie Kamera und Position.
Dabei lachen sie ausgelassen, genießen den Spätsommertag.

Ich frage, ob ich sie vielleicht mit ihrer Kamera fotografieren soll.
Dann hätten sie ein gemeinsames Photo von sich und eine
Erinnerung an diesen Moment.

Nachdem ich einige Male auf den Auslöser gedrückt habe,
verabschiede ich mich.

Da bemerkt eine der beiden meine Kamera, die ich zufällig bei mir trage.
Sie bedeutet mir, dass ich sie nun meinerseits damit fotografieren solle.

Berlin, Deutschland

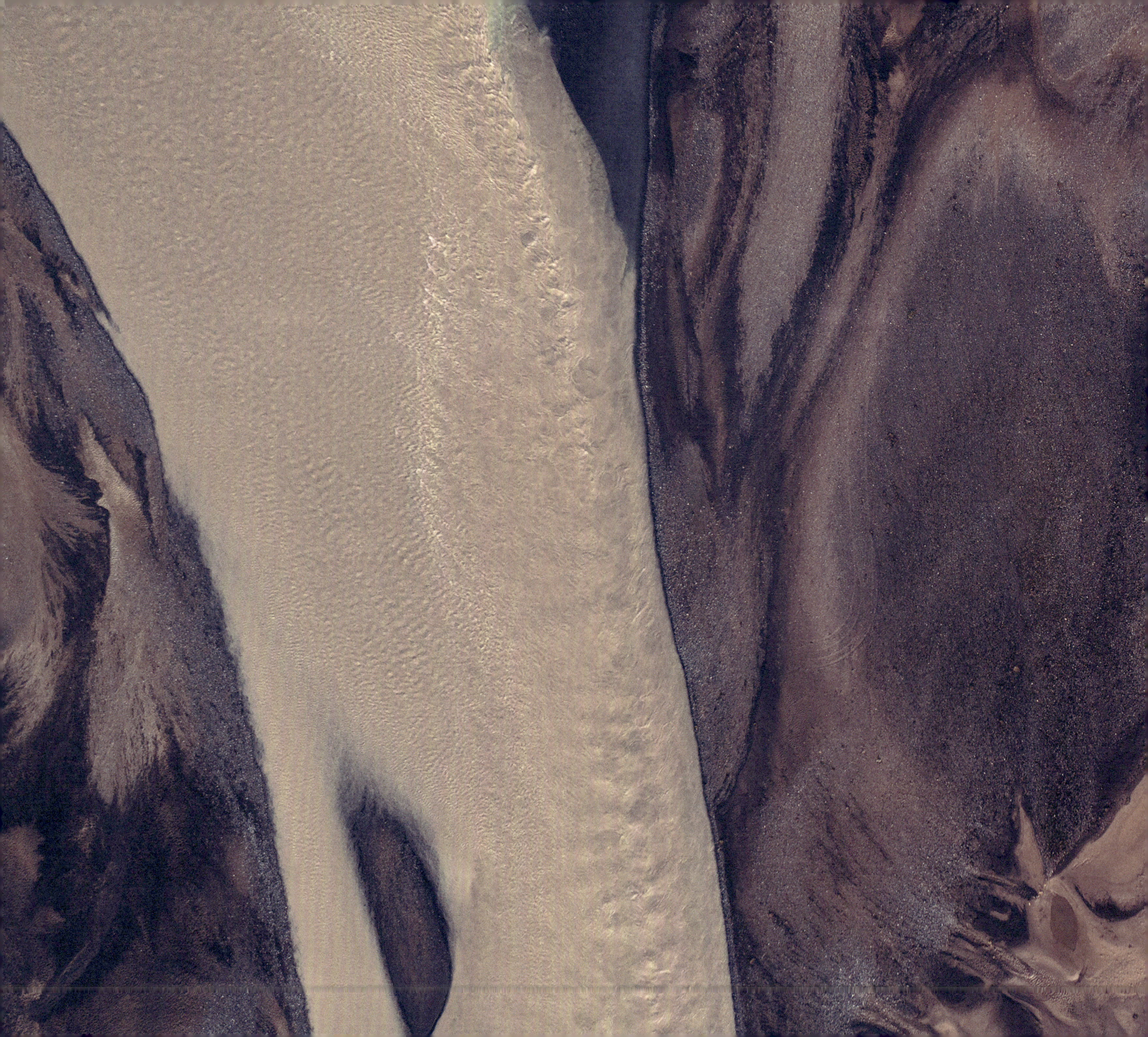

Vorherige Seiten

THE COLORS OF NATURE

Sólheimajökull, Island

THE LIGHTHOUSE

Raufarhöfn, Island

N1
BENSIN
DISEL
N1
N1
AdBlue

BENSIN

Irgendwo in Island

BLUE MEETS PURPLE

Jökulsárlón Gletscher, Island

CHURCH ON A MOUNTAIN

Stykkishólmur, Island

ROAD TO SOMEWHERE

Irgendwo in Island

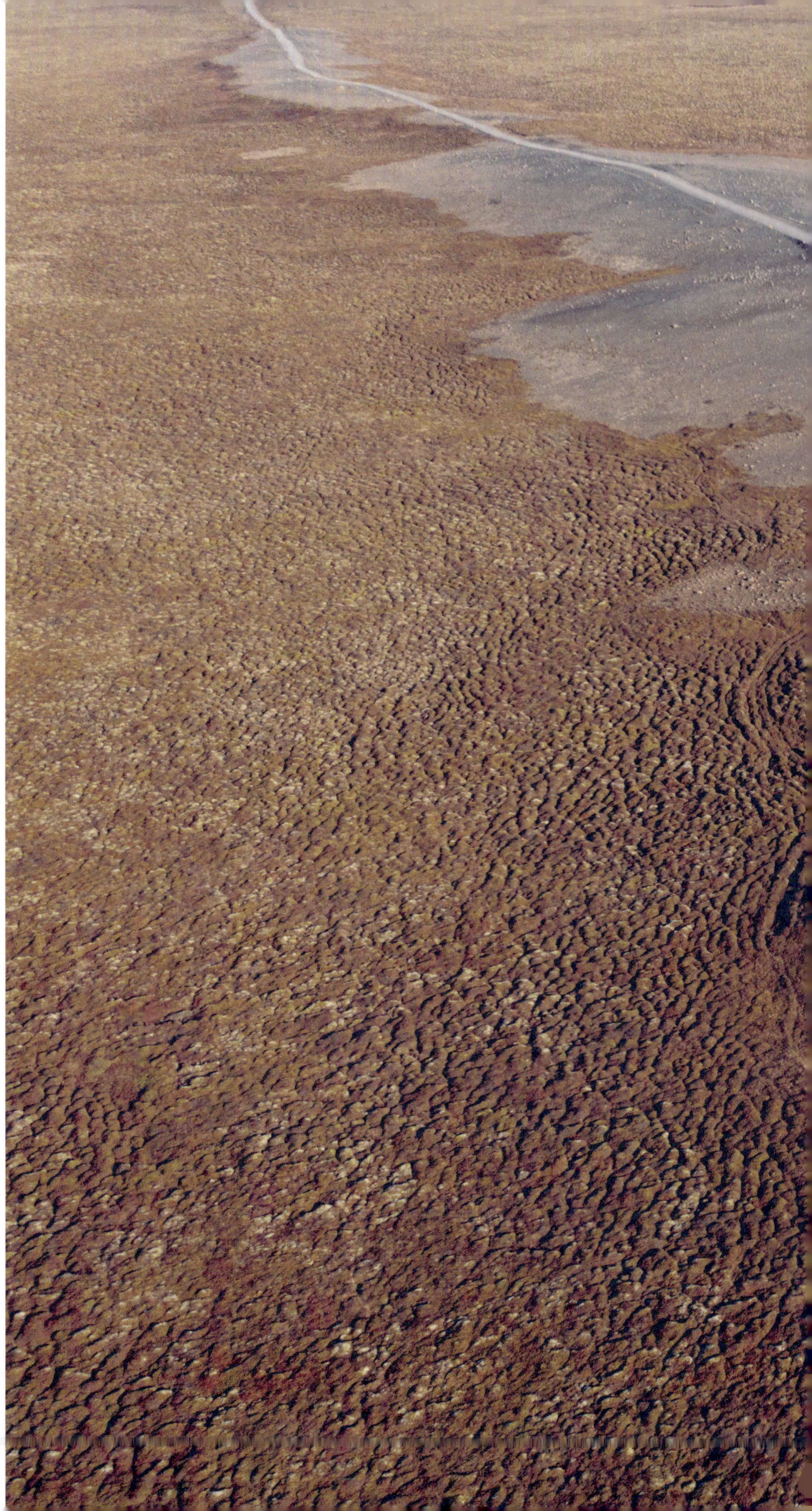

WATER FROM SOMEWHERE

Irgendwo in Island

DAY FOR NIGHT

Irgendwo in Island

堂書

Vorherige Seite

KONTROLLIERTES CHAOS

Auf den ersten Blick könnte man denken:
Das kann doch gar nicht funktionieren.

Auf eine geheimnisvolle Art und Weise klappt es aber doch.

Alle paar Minuten schaltet die Fußgängerampel auf Grün.
Dann setzen sich die Menschenmassen in Bewegung und fließen wie von selbst über die gigantischen Zebrastreifen.

An manchen Tagen überqueren bis zu 3.000 Menschen diese Kreuzung.
Pro Grünphase.

Das Bild entstand am späten Abend.
Da war die Shibuya Kreuzung schon verhältnismässig leer.

Mittlerweile gibt es eine Aussichtsplattform, von der man gegen Eintritt einen guten Blick auf die Kreuzung hat.

Wer hätte gedacht, dass man eines Tages freiwillig etwas dafür bezahlt, um anderen Menschen dabei zuzuschauen, wie sie eine Straße überqueren?

Ich nicht.
Dennoch habe ich mich in die Schlange der Aussichtsplattform eingereiht.

Tokyo, Japan

WELCOME TO THE FUTURE

So habe ich mir immer die Zukunft vorgestellt.
Ein Bild wie aus Ridley Scott's Film „Blade Runner".

Eigentlich fehlen jetzt nur noch die Raumschiffe, die lautlos vor den überdimensionierten Bildschirmen entlangschweben.

Tokyo, Japan

シンバイオティクスで
腸から
健康に!
Yakult
109
SHIBUYA
H&M
150m
UC
DHC
DHCMEN
SUPER★DRAGON
NEW ALBUM
3rd Identity
8.14
しゃぶしゃぶバイキング
しゃぶ葉
コンタクト
Caféレストラン ガスト
AEON 英会話イーオン
楽園
BIC CAMERA
免税 TaxFree
L'OCCITANE
EN PROVENCE
LUSH
渋谷焼肉
Ushi8

Hapag
Kamayan
BROOKLYN

BROOKLYN

Hiroshima, Japan

WASHINGTON HOTEL
にくちゃん
ワキン
ホッピー
大衆肉酒場 にくちゃん
肉刺・煮込み
ホルモン焼・肉なべ
2F 座敷
24席 有り〼
ワキン・ホッピー
KIRIN

24 HOUR FOOD STATION

Hiroshima, Japan

NIGHTHAWKS

Hiroshima, Japan

大衆肉酒場 にくちゃん
一番搾り
一番搾り
ホッピー
HOPPY
KIRIN

商標
銃印葡萄酒
本舗
吉澤仁太郎
LEGIT DON'T PLAY

ビフテキと
ハヤシライス
まんふく食堂
居酒屋
禁煙
No smoking
アサヒビール
RESTAURANT
ミルク
ホール

Vorherige Seite

MENSCHENLEER

In Tokyo leben knapp 15 Millionen Menschen.

Einem menschenleeren Ort zu begegnen, ist eine Rarität.

Tokyo, Japan

THE KITCHEN

Auf den ersten Blick: Ungeordnetes Chaos.

Auf den zweiten Blick: Alles hat seinen Platz

Seoul, Südkorea

순두부
Spicy soft tofu stew
김치찌개
설렁탕
Parking
순두부
Tofu
Miso soup

HEIMAT I

Lüneburger Heide, Deutschland

HEIMAT II

Lüneburger Heide, Deutschland

Vorherige Seite

HEIMAT III

Lüneburger Heide, Deutschland

ROOM WITH A VIEW

Beirut, Libanon

PURPLE SKIES

Im strömenden Regen mache ich mich auf den Weg von Beirut nach Sidon.

Es ist spät am Nachmittag und die Sonne steht ganz flach.
Bald wird sie untergehen.

Nach einer Stunde erreiche ich mein Ziel.
Der Regen hat inzwischen aufgehört.

Durch die vorüberziehenden Wolken scheint ein Rest Sonnenlicht und taucht die Uferpromenade in traumhafte Pastellfarben.

Gut, dass es geregnet hat.
Sonst hätte es diesen Moment nicht gegeben.

Sidon, Libanon

PARADISE MEETS PARADISE

Beirut, Libanon

PARADISE
بارادايز
Residence
رزيدانس

LG
LG
LG
LG
LG
LG
LG
LG

AIR CONDITION HEAVEN

Beirut, Libanon

HOLIDAY INN

Dieses Hotel war nur ein Jahr in Betrieb.

1974 wurde es eröffnet.

1975 begann der libanesische Bürgerkrieg.

Aufgrund seiner Höhe war das Holiday Inn ein strategisch wichtiges Gebäude und entsprechend stark umkämpft.

Seit dem Ende des Krieges steht es als Mahnmal mit seinen unzähligen Einschusslöchern mitten in Beirut.

Beirut, Libanon

Vorherige Seite

EINE WÜSTE FÜR DIE EWIGKEIT

Der Mensch hat in der Wüste eigentlich nichts verloren. Dennoch (oder gerade deswegen) übt sie immer wieder eine große Faszination auf uns aus.

Bereits kurz nach Sonnenaufgang wird es so heiß, dass man gut beraten ist, sich seinen eigenen Schatten mitzubringen.

Satellitenmessungen haben ergeben, dass es in der Wüste Lut bis zu 70 Grad Celsius warm werden kann.

Die Hitze kann man nicht im Bild festhalten. Sehr wohl aber das endlose Panorama aus Tälern und Bergkämmen.

Ein Stück Ewigkeit.

Dascht-e Lut

DER HIMMEL BRENNT

Kurz nach Sonnenaufgang verwandelt sich das funkelnde Wüsten–Himmelszelt in eine leuchtende Farbenpracht.

Der Himmel scheint für immer zu brennen.

Doch schon nach wenigen Minuten ist das Schauspiel vorüber.
Dann machen die Wolken Platz für die ungebremste Kraft der Sonne.

Dasht-e Lut, Iran

AUGEN DER WEISHEIT

Das Thermometer zeigt knapp 40 Grad Celsius.

Auf der Suche nach etwas Schatten finde ich ein kleines Café.
Die nackten Steinwände versprechen eine wohltuende Abkühlung.

Am Nachbartisch sitzt ein alter Mann und nickt mir freundlich zu.
Ich nicke zurück und frage ihn, ob ich ihn fotografieren dürfte.

Obwohl wir verschiedene Sprachen sprechen, verstehen wir uns.
Ich drücke ein paar Mal auf den Auslöser, trinke meinen Kaffee und verabschiede mich.

Zuhause betrachte ich die Photos in Ruhe. Dann erst erkenne ich die gütigen Augen der Weisheit in einem Gesicht, welches tausendundeine Geschichten erzählen kann. Mindestens.

Kerman, Iran

DIAMOND CIRCLE I

Dettifoss, Island

DIAMOND CIRCLE II

Dettifoss, Island

EASTERN DREAMS

Auf der Fähre von Wladiwostok (Russland) nach Skaiminato (Japan).
Zwischenstopp in Südkorea.

Die Überfahrt dauert zwei Tage und zwei Nächte.
Genug Zeit, um die anderen Passagiere der
„Eastern Dreams" kennenzulernen.

An Bord traf ich auf eine Gruppe südkoreanischer Teenager, die eine Studienreise nach Russland und China unternahmen und nun auf dem Heimweg waren.

Zwischen Wladiwostok und Südkorea

FIRE HOSE BOX

24 ORE

Venedig, Italien

TERE»
TABACCHERIA SOUVENIRS
24
ore

LA STRADA I

Venedig, Italien

LA STRADA II

Venedig, Italien

SALVIAMO V NEZIA
SALVIAMO VENEZIA
SALVIAMO VENEZIA
VENERDÌ 13 DICEMBRE 2019
CANZONI DEL MARE SALATO
LABORATORIO OCCUPATO MORION
GIOVEDÌ 12 DICEMBRE
ORE 9:30 PALAZZO FERRO FINI
BATO 08 DICEMBRE 2018
Corso Certificazioni
INGLESE
A2 B1 B2
dal 24.01.2020
FUORILENAVIDALLALAGUNA!
10.000
GRAZIE

G 649946
FOOTBALLSHOP

COFFEE BREAK

Beirut, Libanon

POSTE

Ein einsamer Briefkasten.

Vielleicht sollte man mal wieder einen richtigen Brief schreiben?

Der Briefkasten würde sich bestimmt darüber freuen.

Venedig, Italien

POSTE
CIAO!
RTIGIANO EDILE

CAFFE' VERGNANO 1882

CAFFEE VERGNANO 2019

Venedig, Italien

کافی شاپ

صبحانه
در فضایی سنتی
کوچه
مهر
بسیج ۱۳

Vorherige Seite

LEISE WEHT DER WIND

Zuerst höre ich nur eine Frauenstimme.
Sie klingt verzerrt.
So als ob sie aus einem kleinen Lautsprecher kommt.
Oder aus einem Telefon.

Langsam kommt die Stimme näher.

Dann biegt ein Mann um die Ecke.
Jetzt spricht er. Dann wieder die Stimme im Telefon.

Beide klingen ruhig, fast liebevoll.

Ihr Gespräch wird von den glatten Wänden der Gassen reflektiert und erfüllt die ansonsten menschenleere Kreuzung mit Leben.

Dann verschwindet der Mann um die nächste Ecke.

Die Stimmen werden erst leiser, dann verstummen sie ganz.
Für eine Weile lausche ich dem leise wehenden Wind und frage mich, worüber die beiden wohl geredet haben mögen.

Yazd, Iran

ALT WIE EIN BAUM

Man sagt, dieser Baum sei 5.000 Jahre alt. Mindestens.

Genau weiß man es nicht.

Aber der Gedanke daran, dass ein Baum überhaupt so alt werden kann, rückt viele Aspekte der uns umgebenden Vergänglichkeit in ein anderes Licht.

Provinz Kerman, Iran

DIE NATUR GEWINNT IMMER

Venedig, Italien

Vorherige Seite

AIRPLANE AND PALM TREES

Beirut, Libanon

GOTHAM CITY

Warschau, Polen

McDonald's

OTHERWORLDLY BERLIN I

Berlin, Deutschland

OTHERWORLDLY BERLIN II

Berlin, Deutschland

OTHERWORLDLY BERLIN III

Berlin, Deutschland

OTHERWORLDLY BERLIN III

Berlin, Deutschland

BAHNHOF

Vorherige Seite

OTHERWORLDLY BERLIN IV

Berlin, Deutschland

OTHERWORLDLY BERLIN V

Berlin, Deutschland

OTHERWORLDLY BERLIN VI

Berlin, Deutschland

LET THERE BE LIGHT

Ich atme tief ein und inhaliere die kristallklare Dezemberluft.

Das Wasser der Lagune plätschert leise an die steinerne Ufermauer.

Der letzter Rest Tageslicht lässt den Himmel gerade noch schwach erglimmen.

Eine einsame Laterne bereitet sich auf die anbrechende Nacht vor.

Ich atme tief ein und blicke aufs Wasser hinaus.

Jetzt ist der Himmel schwarz.

Die Nacht gehört dem Licht.

Venedig, Italien

DER GOLDENE ENGEL

Berlin, Deutschland

WHICH FLOOR DO YOU LIVE ON?

Astana, Kasachstan

Vorherige Seite

MORGENSTUND IN TEHERAN

In wenigen Momenten erwacht ein neuer Tag.

Unaufhaltsam bahnt sich die Sonne ihren Weg über den Horizont.

Wie ein Monolith steht im Vordergrund der Atisaz Residential Complex mit seinen treppenförmigen Wohnblocks. Dieses Wohngebiet entstand 1976 und umfasst mittlerweile mehr als zweitausend Apartments.

Auf der rechten Seite im Hintergrund kann man den Milad Tower erkennen.

Er wurde 2008 eingeweiht und ist neben dem Azadi Tower das neue Wahrzeichen Teherans.

Auf meinem Hotelzimmer befindet sich ein Wasserkocher, mit dem ich mir gleich einen Instant-Kaffee zubereiten werde.

Voller Zuversicht sehe ich einem neuen Tag entgegen.

Teheran, Iran

ES WAR EINMAL EINE LEUCHTREKLAME

Mit dem Auto von Sakaiminato nach Hiroshima.
Konzentration, denn in Japan herrscht Linksverkehr.

Am Ende werde ich mir sagen, dass ich viel zu selten angehalten habe.
Der Preis der Rastlosigkeit.
Daher bin ich dieser ehemaligen Leuchtreklame sehr dankbar.

Sie tauchte unerwartet aus dem Nichts auf und wollte überhaupt nicht zu der perfekten Landschaft passen. Wahrscheinlich war es gerade dieser Kontrast, der mich zu einer kurzen Pause überredet hat.

Danke, liebe Leuchtreklame.

Okuizumo, Japan

ドライブイン
赤名
54

LATE NIGHT CYCLISTS

Hiroshima, Japan

DER SONNE ENTGEGEN

Provinz Kerman, Iran

THE NIGHT PORTER

Provinz Kerman, Iran

Vorherige Seite

DER HIMMEL ÜBER TEHERAN

Teheran, Iran

DER HIMMEL ÜBER DER WÜSTE

Dasht-e Lut, Iran

ES IST VOLLER STERNE

Wir sind umgeben von Licht. Tag und Nacht.

Soviel Licht, dass wir die seit Ewigkeiten funkelnden Sterne über uns kaum noch wahrnehmen können.

In der Wüste ist das anders.
Dort gibt es kein künstliches Licht, welches unsere Augen verführt.

Mit freiem Blick zum Himmel können wir uns vergewissern:
„Es ist voller Sterne"
(HAL 9000 in Stanley Kubrik's „2001 – A Space Odysee")

Dasht-e Lut, Iran

Die Reise geht weiter.

ISBN 978-3-948991-02-9